Der Bücherbär
1. Klasse

Liebe Eltern,

jedes Kind ist anders. Manche Kinder kennen bereits alle Buchstaben in der Vorschule und können erste Wörter lesen. Andere lernen das Abc in der Schule. Für das spätere Leseverhalten ist es jedoch völlig unerheblich, wann die Kinder das Alphabet meistern. Wichtig aber ist der Spaß am Lesen – von Anfang an. Deshalb ist das Bücherbär-Erstleserprogramm konzeptionell auf die Fähigkeiten und Bedürfnisse der Kinder abgestimmt.

Dieses Buch richtet sich an Leseanfänger in der 1. Klasse. Die übersichtlichen Leseeinheiten und kurzen Zeilen sind ideal zum Lesenlernen. Zahlreiche Bildergeschichten unterstützen das Textverständnis. Zusätzlich regen lustige Buchstaben- und Leserätsel am Ende des Buches zum Nachdenken und zum Gespräch über die Geschichte an. Denn Kinder, die viel Gelegenheit zum Sprechen haben, lernen auch schneller lesen.

Ihr Bücherbär

Empfohlen von Westermann

Christian Seltmann

Ein Kuschelmonster für die Lesenacht

Mit Buchstaben- und Leserätseln

Bilder von Nikolai Renger

Christian Seltmann
studierte Geschichte, Germanistik und Philosophie. Er war Messdiener, Pfadfinder, Rettungssanitäter, Lektor, Fernsehredakteur, Radiosprecher, Fremdenführer und schreibt Kinderbücher. Er lebt mit Frau, Tochter und Sohn in Coburg.

Nikolai Renger
ist in Karlsruhe geboren und studierte Visuelle Kommunikation an der HFG in Pforzheim. Er ist als freiberuflicher Illustrator für verschiedene Verlage und Agenturen tätig und arbeitet seit 2013 im Atelier Remise in Karlsruhe.

Ein Verlag der Westermann Gruppe

Der Bücherbär
2. Auflage 2024
© 2017 Arena Verlag GmbH
Rottendorfer Straße 16, 97074 Würzburg
Alle Rechte vorbehalten
Text: Christian Seltmann
Cover- und Innenillustrationen: Nikolai Renger
Gesamtherstellung: Westermann Druck Zwickau GmbH
Gedruckt in Deutschland
ISBN 978-3-401-71970-2

Besuche den Arena Verlag im Netz:
www.arena-verlag.de

Inhalt

Hanna braucht kein Kuscheltier   10

Wo ist die Marmelade?   18

Monster mögen Marmelade   26

Ein Name für das Monster   33

Buchstaben- und Leserätsel   40

In dieser Geschichte spielen mit:

 Hanna

 das Kuschel

 Leo

 die Lehrerin

 Max Möhre

Schwierige Wörter im Text:

die Lesenacht

das Kuscheltier

die Erdbeer-Marmelade

der Waschraum

Hanna braucht kein Kuscheltier

Hanna ist lustig und mutig.
Zusammen mit Leo
geht sie
in die erste Klasse.

Zur Lesenacht treffen sich heute alle in der Schule.

Alle Kinder haben
ein Kuscheltier dabei.
Nur Hanna hat keines.

Ich bin doch schon groß!

Der Bücherbär

Lesenlernen mit dem Bücherbär

Empfohlen von
westermann

Lesenlernen mit dem Bücherbär

Vorschule
Mein LeseBilderbuch

1. Klasse
Themengeschichten mit Silbentrennung

1. Klasse
Eine durchgehende Geschichte in Kapiteln

Empfohlen von
westermann

Der Bücherbär
1. Klasse

978-3-401-**71572**-8

978-3-401-**71801**-9

978-3-401-**71535**-3

Jeder Band:
Ab 6 Jahren • Durchgehend farbig illustriert
48 Seiten • Gebunden
Format 17 x 24 cm • **€ 9,00 [D]**

978-3-401-**71650**-3

978-3-401-**71651**-0

978-3-401-**71908**-5

978-3-401-**71960**-3

978-3-401-**71610**-7

978-3-401-**71725**-8

978-3-401-**71612**-1

Der Bücherbär
Vorschule

978-3-401-**71669**-5

978-3-401-**71571**-1

978-3-401-**71873**-6

Jeder Band:
Ab 5/6 Jahren • Durchgehend farbig illustriert
56 Seiten • Gebunden
Format 17 x 24 cm • € 9,00 [D]

978-3-401-**71648**-0

978-3-401-**71667**-1

978-3-401-**71788**-3

978-3-401-**71789**-0

978-3-401-**71903**-0

978-3-401-**71652**-7

978-3-401-**71587**-2

978-3-401-**71720**-3

Der Bücherbär
1. Klasse

978-3-401-**71970**-2

978-3-401-**71848**-4

Jeder Band:
Ab 6 Jahren • Durchgehend farbig illustriert
48 Seiten • Gebunden • Format 17 x 24 cm • **€ 9,00 [D]**

978-3-401-**71858**-3

978-3-401-**71690**-9

978-3-401-**71649**-7

978-3-401-**71666**-4

1. Klasse

Themengeschichten mit Silbentrennung

- **Sprechsilben sind hellblau/dunkelblau eingefärbt**
- **Mit lustigen Rätseln & Leseverständnisfragen**
- **Kurze Geschichten zu einem Thema**

Die Bücherbär-Reihe mit Silbentrennung richtet sich an Leseanfänger in der 1. Klasse. Die besonders übersichtlichen Leseeinheiten und kurzen Zeilen sind ideal zum Lesenlernen. Das Hervorheben der Sprechsilben in dunkelblau/hellblau hilft dabei, ein Wort richtig lesen und verstehen zu können. Zusätzlich regen lustige Rätsel und Verständnisfragen zum Nachdenken und zum Gespräch über die Geschichten an. Denn Kinder, die viel Gelegenheit zum Sprechen haben, lernen auch schneller lesen.

Große Fibelschrift und Zeilentrennung nach Sinneinheiten

Mit Silbentrennung

Einfache Geschichten mit kurzen Zeilen

Viele farbige Bilder

Innenseite aus »*Spannende Pferdegeschichten*«
978-3-401-71960-3

978-3-401-**71674**-9

978-3-401-**71693**-0

978-3-401-**71611**-4

1. Klasse

Eine durchgehende Geschichte in Kapiteln

- **Mit Bildergeschichten**
- **Eine Geschichte in kurzen Kapiteln**
- **Mit Buchstaben- und Leserätseln**

Die Bücherbär-Reihe mit durchgehend erzählten Geschichten richtet sich an Leseanfänger in der 1. Klasse. Die übersichtlichen Leseeinheiten und kurzen Zeilen sind ideal zum Lesenlernen. Zahlreiche Bildergeschichten unterstützen das Textverständnis. Zusätzlich regen lustige Buchstaben- und Leserätsel am Ende des Buches zum Nachdenken und zum Gespräch über die Geschichte an. Denn Kinder, die viel Gelegenheit zum Sprechen haben, lernen schneller lesen.

Große Fibelschrift
Zeilentrennung nach Sinneinheiten
Viele farbige Bilder

Innenseite aus »*Detektivbüro Eulenauge – Willi Watson auf der Spur der fiesen Briefe*«
978-3-401-71848-4

978-3-401-**71735**-7

978-3-401-**71833**-0

978-3-401-**71691**-6

978-3-401-**71668**-8

Vorschule

Mein LeseBilderbuch

- **Eine Geschichte zum Mitlesen ab 5 Jahren**
- **Bilder ersetzen Hauptwörter**
- **Mit Leserätseln**

Die Bücherbär-Reihe »Mein LeseBilderbuch« richtet sich an Kinder im Vorschulalter. Die Hauptwörter werden durch Bilder ersetzt, wodurch auch Kinder »mitlesen« können, die das Abc noch nicht gelernt haben. Das macht neugierig und Lust auf mehr. Zusätzlich regen Rätsel am Ende des Buches zum Gespräch über die Geschichte an. Denn Kinder, die viel Gelegenheit zum Sprechen haben, lernen auch schneller lesen.

Große Fibelschrift

Bilder ersetzen Hauptwörter

Viele farbige Bilder

Innenseite aus »Drache Neo und die Kraft der Feuerbohnen«
978-3-401-71669-5

Illustration Bücherbär: Frédéric Bertrand

Stand: 19.01.2023 • Preisänderungen vorbehalten

Herausgeber: Arena Verlag GmbH, Rottendorfer Straße 16, 97074 Würzburg

Instagram: @arena_verlag_kids

www.arena-verlag.de

Die Lehrerin liest
eine tolle Geschichte vor.

Die Lehrerin klappt
das Buch zu.
Erdbeer-Marmelade
mag Hanna auch.

Sie hat sogar
ein Glas Marmelade dabei.
Die ist für das Frühstück
am nächsten Morgen.

Jetzt putzen alle
ihre Zähne.
Und dann schnell ins Bett!

Hanna kann nicht einschlafen.
Sie vermisst ihr Kuscheltier.

Wo ist die Marmelade?

Plötzlich schreckt Hanna auf.
Die Marmelade ist weg!
Hanna sucht überall.

Pass doch auf!

Nein, es ist Marmelade!
Die Spur führt hinaus
auf den Flur.

Und da ist noch jemand.
Hanna dreht sich langsam um.

Es ist … Leo!

Da hören sie wieder
das Schmatzen.
Es kommt aus
dem Waschraum.

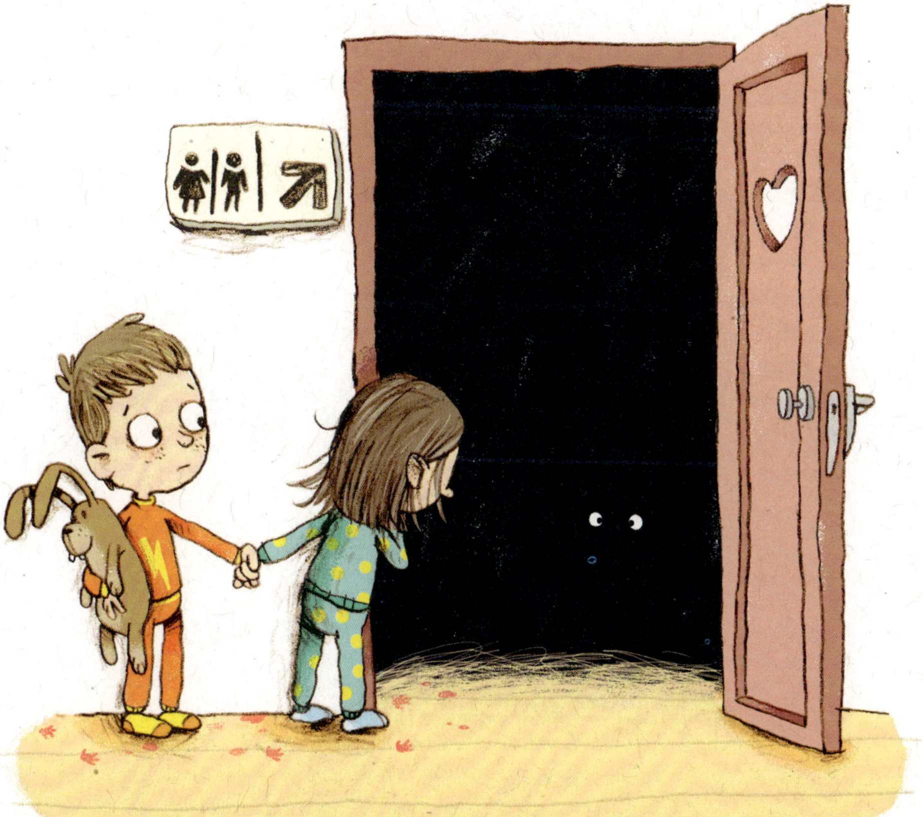

Monster mögen Marmelade

Da sitzt das Wesen aus dem Buch. Es schlabbert Erdbeer-Marmelade.

Sein Maul ist verschmiert
und seine Pfoten auch.

Hanna muss grinsen.
Sie macht einen Schritt
auf das kleine Wesen zu.

Das kleine Wesen zeigt
auf Leos Hasen.

Hanna fragt Leo:
„Wie heißt dein Hase?"
Leo sagt: „Max Möhre."

„Wie heißt du denn?",
fragt Leo.
„Hast du keinen Namen?",
fragt Hanna.

„Na, hör mal!",
sagt Hanna.
„Stell dir vor,
du hast keinen Namen."

Ein Name für das Monster

Hanna überlegt.
Das kleine Wesen
schnieft.

„Ich hab's", ruft Hanna.
„Wir geben dir
einen Namen."

Aber nichts gefällt
dem kleinen Wesen.

Da breitet Hanna die Arme aus und sagt:
„Du bist das Kuschel!"

„Hurra!",
jubelt das kleine Wesen.

„Gibt es jeden Tag …?",
flüstert das Kuschel.
„… Erdbeer-Marmelade?",
fragt Hanna und lacht.
Das Kuschel nickt.

„Ja", sagt Hanna.
„Bei uns gibt es jeden Tag
Erdbeer-Marmelade!"

Das Kuschel kuschelt sich an Hanna.
Hanna kuschelt sich an das Kuschel.
Und dann schlafen beide ein.

Buchstaben- und Leserätsel

Finde den richtigen Reim!

Hanna folgt bis in den Flur

einer unheimlichen _____.
(Spinne/Spur)

Es kommt heute zu Besuch,

das Kuschel aus dem tollen _____.
(Brief/Buch)

Lies genau!

Der Hase **M**ax **M**öhre hat zwei Freunde:

Leo **L**öwenzahn und

Rudi _____.

Silbenrätsel

Das isst Leos Kuscheltier am liebsten:
sa   Möh   lat   ren

Was schreibt das Kuschel an Hanna?
Die Anfangsbuchstaben dieser Wörter
verraten es dir.

__ __ __   __ __ __ __ !

Die Lösungen findest du
auf der übernächsten Seite.

Erzähl mal!

Das Kuschel sagt:
„Immer nur im Buch sein,
das ist doch langweilig.
Deshalb bin ich gestern …"

Wie geht die Geschichte weiter?

Lösungen

So heißt es richtig:
Hanna folgt bis in den Flur
einer unheimlichen Spur.

Es kommt heute zu Besuch,
das Kuschel aus dem tollen Buch.

Max Möhres Freund heißt: **R**udi **R**adieschen.

Leos Kuscheltier isst am liebsten Möhrensalat.

Das Kuschel schreibt:

B   I   S   B   A   L   D   !

Themengeschichten mit Silbentrennung

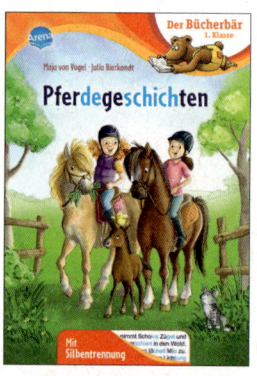

Die kleine Eulenhexe
Lustige Abenteuergeschichten
978-3-401-71735-7

Missi Moppel
Krimigeschichten
978-3-401-71668-8

Pferdegeschichten
978-3-401-71671-8

Detektivgeschichten
978-3-401-71651-0

Jeder Band: Ab 6 Jahren • Themengeschichten mit Silbentrennung • Durchgehend farbig illustriert • 48 Seiten • Gebunden • Format 17,5 x 24,5 cm

Innenseite aus »Die kleine Eulenhexe«
ISBN 978-3-401-71735-7

Diese Reihe richtet sich an Leseanfänger in der 1. Klasse. Mit der großen Schrift, den kleinen Kapiteln und den vielen farbigen Bildern macht das erste Lesen viel Spaß.

Empfohlen von Westermann

Der Bücherbär
1. Klasse

Eine durchgehende Geschichte in Kapiteln

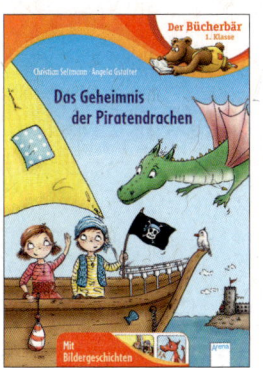

Das kleine Muffelmonster Viel Wirbel im Klassenzimmer
978-3-401-71693-0

Das Geheimnis der Piratendrachen
978-3-401-71580-3

Zwei Meermädchen und ein flossenstarkes Abenteuer
978-3-401-71610-7

Dino Oskar und das geheimnisvolle Ei
978-3-401-71725-8

Jeder Band: Ab 5/6 Jahren • Eine durchgehende Geschichte in Kapiteln • Durchgehend farbig illustriert • 48 Seiten • Gebunden • Format 17,5 x 24,6 cm

Innenseite aus »Beste Freunde und ein tolles Abenteuer«
ISBN 978-3-401-71587-2

Diese Reihe ist auf die Fähigkeiten von Leseanfängern abgestimmt: Übersichtliche Leseeinheiten und kurze Zeilen sind ideal zum Lesenlernen. Das Hervorheben der Sprechsilben hilft dabei, ein Wort richtig lesen und verstehen zu können.

Empfohlen von Westermann